AF467454

GUERRE FRANCO-ALLEMANDE DE 1870-71

JOURNAL DE MARCHE

D'UN OFFICIER DE CAVALERIE

A L'ARMÉE DU RHIN
A L'ARMÉE DE LA LOIRE
A L'ARMÉE DE L'EST

11ᵉ RÉGIMENT DE CHASSEURS
6ᵉ RÉGIMENT DE DRAGONS

AIRE-SUR-LA-LYS
IMPRIMERIE L. GUILLEMIN
1892

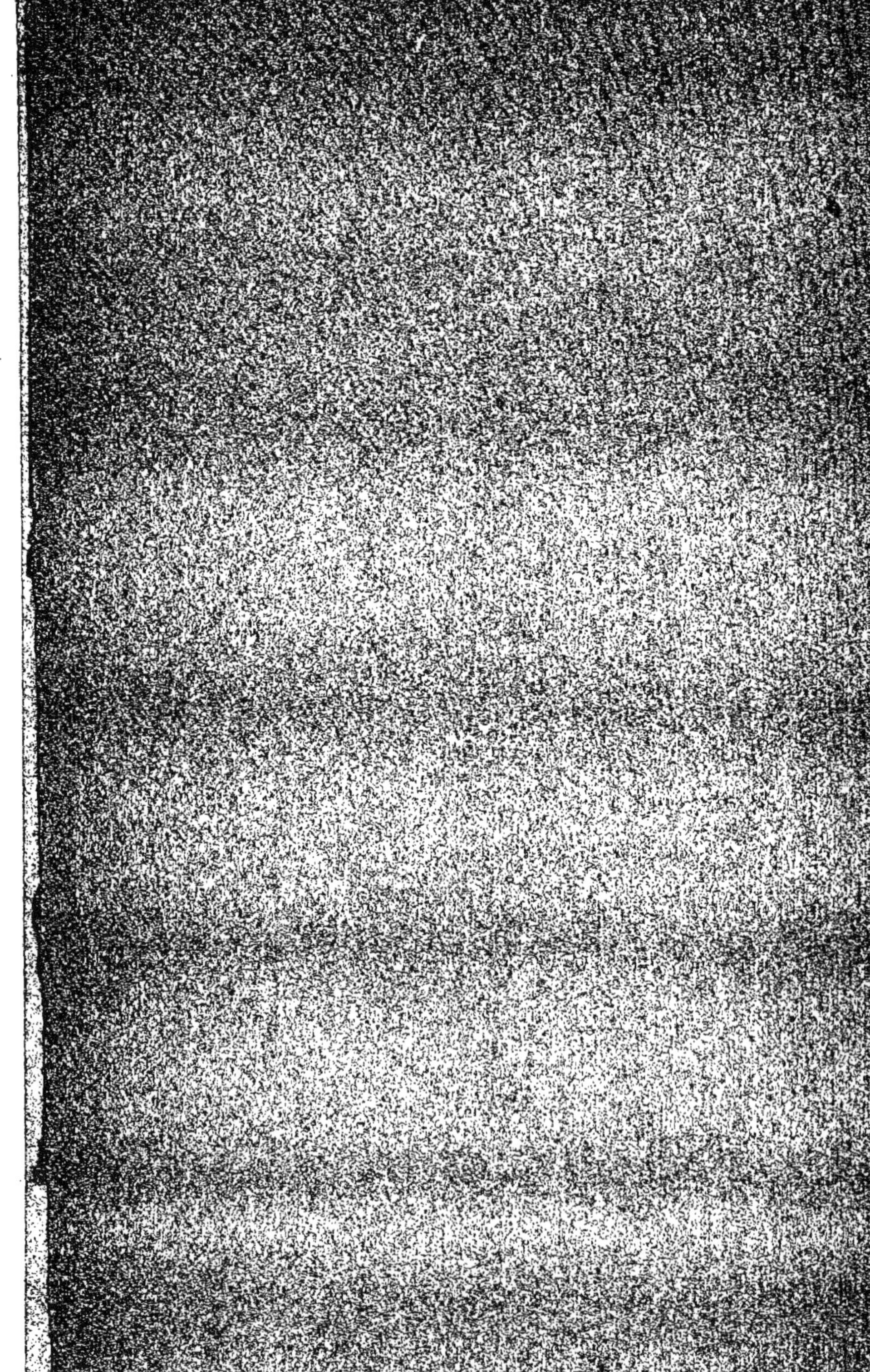

GUERRE FRANCO-ALLEMANDE DE 1870-71

JOURNAL DE MARCHE

D'UN OFFICIER DE CAVALERIE

GUERRE FRANCO-ALLEMANDE DE 1870-71

JOURNAL DE MARCHE

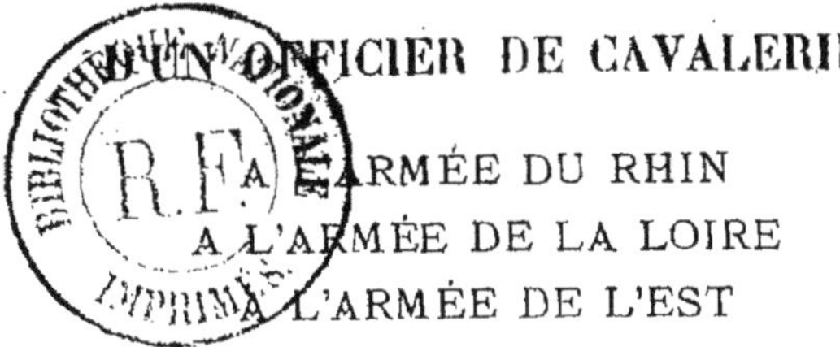

D'UN OFFICIER DE CAVALERIE

A L'ARMÉE DU RHIN
A L'ARMÉE DE LA LOIRE
A L'ARMÉE DE L'EST

11e RÉGIMENT DE CHASSEURS
6e RÉGIMENT DE DRAGONS

AIRE-SUR-LA-LYS
IMPRIMERIE L. GUILLEMIN
1892

MON CHER ENFANT,

En quittant la vie militaire je me décide à publier les notes que j'ai prises au jour le jour pendant l'année terrible.

Ce simple récit de ce qui m'est advenu ne peut avoir d'intérêt que pour toi seul. Parcours donc cette narration et grave dans ton esprit cette résolution qui sera la consolation de ma vie nouvelle : Moi aussi je serai soldat...

Aire. — Juillet 92.

GUERRE FRANCO-ALLEMANDE DE 1870-71

JOURNAL DE MARCHE

D'UN OFFICIER DE CAVALERIE

Le 20 juillet 1870, le 11e chasseurs quitte Lyon où il était en garnison pour se rendre à Meximieux ; le 21, nous faisons étape à Bourg ; le 22, nous prenons le chemin de fer et le 23, nous sommes à Strasbourg ; nous allons bivouaquer sur les glacis au nord de la ville ; nous y restons jusqu'au 25 ; le 26, nous allons à Bischwiller ; le 27, à Soufflenheim où nous restons cinq jours.

Le régiment est divisé par escadrons ; chacun d'eux a pour mission d'observer le Rhin dont la rive opposée est garnie de vedettes.

Tous les renseignements, surtout ceux des douaniers, indiquent une concentration de troupes autour de Rastatt. Il y a en face de cette ville beaucoup de bancs de sable et le courant du fleuve n'a pas une violence suffisante pour en empêcher le passage avec des barques.

De la rive opposée on entend très distinctement la musique des régiments qui sortent de Rastatt.

Pendant les cinq jours passés au bivouac à côté

du village de Soufflenheim, les rapports de reconnaissance que j'ai fournis tendaient à indiquer un passage possible du Rhin à cet endroit et un passage probable, étant donné la concentration des trois armes autour de Rastatt.

Le 3 août, l'escadron quitte sa position et arrive en traversant la forêt de Haguenau à Soultz-lez-forêts.

Au milieu des prairies qui sont au nord du village, la division Douay est arrêtée et fait la grande halte. Nous passons devant ces beaux régiments dont l'aspect est imposant. C'est d'abord la brigade Montmarie, 58e et 74e de ligne, ensuite la brigade Pellé, 1er turcos et 1er zouaves; vient ensuite l'artillerie divisionnaire.

Nous nous arrêtons à environ deux kilomètres de la division Douay, et vers une heure, les autres escadrons du régiment viennent nous rejoindre. A deux heures, le 3e hussards rejoignait également et la brigade Septeuil était réunie.

Je suis désigné avec mon peloton pour fournir l'escorte du général Douay qui doit aller s'établir à Auberhoffen, mais il paraît que le général s'est arrêté à Steinseltz. Il est onze heures du soir et je reprends ma nouvelle direction à la lueur des feux des bivouacs du 1er zouaves. J'arrive au village de Steinseltz vers deux heures du matin et j'établis mon peloton dans une prairie contre les premières maisons du village. Je vais ensuite prendre les ordres du général Douay. Le capitaine Clauzel, de son état-major, me répond qu'il n'y a rien à craindre pour cette nuit et que les renseignements reçus dans la journée n'indiquent aucune attaque probable pour le lendemain. « Tenez-vous prêt à accompagner le général qui visitera sa division dans la matinée. » Je retourne à mon peloton. Au petit jour, mes hommes font le café, soignent leurs chevaux, mettent leurs armes et leur tenue dans le meilleur état possible pour escorter le général. J'assiste à ces préparatifs en feuilletant une bible qui renferme des gravures superbes.

A huit heures, nous entendons le premier coup de canon du côté de Wissembourg ; nous en sommes à quatre kilomètres. Les coups se succèdent et je vais à l'auberge où est logé le général. Le capitaine Clauzel me dit que le général montera à cheval dans cinq minutes et je retourne à mon peloton. Quelques minutes après, le général passe au galop devant moi, en me jetant ces simples mots : « A cheval, mon escorte. »

Le colonel Dastugue, avec deux escadrons du régiment, avait parcouru au point du jour les bois et les vignes qui sont maintenant occupés par les Prussiens. A huit heures, ces escadrons étaient retournés au bivouac et le général Douay recevait le rapport du colonel en même temps qu'il entendait le premier coup de canon.

Partout dans les bivouacs, aussitôt les reconnaissances rentrées, on fait la soupe et on se livre au repos ; aussi la prise d'armes s'est-elle faite avec un certain désordre. Pour ne parler que de la cavalerie, les tentes sont restées montées et les voitures déchargées n'ont pas été attelées.

Quand le général Douay est arrivé sur le plateau de Geissberg, la brigade Pellé était déjà fortement engagée, surtout les turcos dont les tirailleurs avaient dépassé Wissembourg par le nord-ouest. La brigade Montmarie est à l'est de la route de Wissembourg à Strasbourg, au pied du Geissberg, faisant face à la Lauter. La brigade Septeuil est placée dans l'espace qui sépare les deux brigades d'infanterie.

En arrivant sur le plateau du Geissberg, le général s'informe auprès d'un capitaine d'artillerie des différentes phases du combat dont il cherche à se rendre compte avec sa jumelle de campagne. J'ai laissé mon peloton en arrière et me suis mêlé aux officiers de son état-major. Nous apercevons assez distinctement des colonnes d'infanterie qui semblent vouloir passer la Lauter au sud-est de Wissembourg. Le capitaine d'artillerie, qui cherchait une position pour sa batterie de mitrailleuses, dit alors au général qu'il allait se porter en avant pour tâcher d'arrêter cette infanterie.

Nous suivons avec le général le mouvement de la batterie de mitrailleuses que son capitaine établit en arrière d'une houblonnière, par-dessus laquelle elle va tirer ; malheureusement son flanc gauche est découvert et complètement en vue des batteries prussiennes. La première batterie tire, la deuxième aussi ; immédiatement nous sommes couverts de terre et de débris de gazon. Bientôt la première pièce est démontée ; nous sommes en avant des mitrailleuses qui tirent par-dessus nous et par-dessus la houblonnière. La batterie ne peut se maintenir et au moment où le capitaine disait au général qu'il allait quitter cette position, des coups mieux rectifiés nous couvrent de nouveau de terre et de gazon. Le général tombe sur l'encolure de son cheval, le capitaine Clauzel a le talon emporté ; c'est le même projectile qui, en éclatant, a frappé le général au ventre.

J'appelle deux hommes de mon peloton, Védlick et Mirassou. Ces deux chasseurs mettent le général sur leurs épaules et se dirigent vers le bivouac abandonné du 11e chasseurs; ils y trouvent la voiture de la cantinière qui transporte le général à la ferme du Schafbusch.

Le général est mort sur les épaules de mes deux chasseurs. Le capitaine Clauzel, qui souffrait horriblement de sa blessure, est également conduit au bivouac du 11e chasseurs par les hommes de mon peloton, il est ensuite transporté à la ferme. Avant son départ, il me confie différents objets, je n'ai rien de plus pressé que de les mettre dans la cantine du docteur Ginberteau, ne pouvant les garder sur moi. Cette cantine, comme tous les objets laissés au bivouac, a été pillée vers quatre heures.

Je retourne à mon peloton, c'est le colonel Robert, le chef d'état-major, qui a pris le commandement. Le général Pellé n'arrivera que plus tard alors qu'il saura la mort du général Douay.

Le colonel Robert me dicte des ordres pour les deux généraux de brigade, pour l'artillerie et pour la cavalerie.

Les hommes de mon peloton vont les porter dans les différentes directions. Je fournis encore six hommes pour escorter le lieutenant de Mareuil, officier d'ordonnance du général Douay, que le colonel Robert envoie auprès du maréchal Mac-Mahon resté à Soultz. En arrivant, le général Pellé dit au colonel Robert que partout la retraite s'imposait.

C'est moi qui vais porter l'ordre de se retirer au général Montmarie. Il ne me reste plus un seul chasseur. Le château de Geissberg, qui était la direction que m'avait donné le colonel Robert pour y trouver le général, était surmonté du drapeau à la croix de Genève; aussi la fusillade qui partait de toutes les clôtures m'étonnait beaucoup puisque le drapeau des ambulances était arboré sur le château. Le général y était bien, organisant lui-même la défense; une fois ma mission remplie, je retourne auprès du colonel Robert, et ne sachant où était mon régiment, je le prie de me garder avec lui. Il me répond que ce serait bien volontiers, mais que, dans ce moment, il vaut mieux chercher à retrouver mon régiment sur lequel il n'a aucune donnée.

A cinq heures, les deux estafettes envoyées à Soultz retrouvent le colonel Robert et je retourne avec eux à Steinseltz. C'était bien la direction que la cavalerie avait prise afin de protéger la retraite. Nous sommes serrés de près et j'ai tout juste le temps d'aller reprendre mon manteau à l'endroit où nous avions bivouaqué la nuit précédente. Je revois tout le campement du premier peloton qui va être perdu comme celui de tout le régiment. Déjà l'ennemi pénètre par la rue principale du village et nous n'avons que le temps de nous échapper en nous dirigeant sur Obertsteinback où j'ai la chance de retrouver mon régiment.

Nous y passons une partie de la nuit pour y faire les distributions. Vers deux heures, nous remontons à cheval pour aller à Lembach, puis nous prenons la vallée de la Sarreback.

A Lembach et le long de la vallée de la Sarreback, les troupes d'infanterie se concentrent. A onze heures du matin, nous arrivons au village de Frœschwiller; c'est là à peu près le centre de la concentration du 1er corps faisant face à Wœrth. La brigade Septeuil est tout à fait à la droite du 1er corps et en arrière de la droite du 4e cuirassiers ; de même que toute la 2e division, si éprouvée à Wissembourg, elle est placée en réserve. Pendant toute la bataille, nous longeons le bois de Grosser-Wald, nous déplaçant à chaque instant pour éviter les projectiles. Nous voyons le 4e cuirassiers partir le premier à la charge dans la direction d'Elsasshausen ; il est suivi par le 1er qui disparaît à sa gauche au milieu des pommiers et des houblonnières.

Tous les blessés passent devant nous ; les ambulances sont établies en arrière du plateau et contre la lisière du bois. Pendant toute la journée, c'est ce plateau d'Elsasshausen qui a été le plus vivement disputé. Quand les cuirassiers ont chargé, l'infanterie était déjà trop engagée et trop décimée pour pouvoir se retirer en bon ordre. Aussitôt les charges passées, le plateau est couronné par l'infanterie ennemie ; ce n'est plus alors un mouvement de recul, c'est un sauve-qui-peut.

Le 11e chasseurs, qui n'avait cessé de se déplacer pendant toute la journée et seulement pour éviter les projectiles, sans prendre l'offensive, se jette dans le bois ; les balles brisent les branches et frappent le tronc des arbres ; c'est un bruit continu, sec et strident qui ne laisse pas une minute de répit. Au milieu du bois, chacun se dirige pour son compte. Me voilà avec mon peloton devant un ravin très large et très difficile. Nous mettons pied à terre et chacun descend son cheval dans le ravin pour remonter ensuite sur l'autre bord. Enfin me voilà à Reischoffen toujours avec mon peloton.

Le capitaine Margo et le capitaine Rosier ont suivi également cette direction, mais environ cent trente chasseurs ont été coupés du reste du régiment et, poursuivis par la cavalerie prussienne, ils ont pris la direction de Strasbourg.

De Reischoffen, le capitaine Rosier dirige la colonne sur Niderbronn. Nous y arrivons en passant au travers des vignes ; plusieurs chevaux sont gravement blessés par des échalas qui ont pénétré dans le poitrail. A Niderbronn, c'est un tableau épouvantable, un encombrement indescriptible ; on n'entend que ces mots : « Où aller, où va-t-on ? » Les colonnes qui ont pénétré dans le village dans toutes les directions, ont arrêté la circulation. Les soldats d'infanterie passent sous les roues des canons. La panique a atteint le dernier degré de l'affolement, quand tout à coup un obus tombe au milieu de la rue et enfonce la boutique d'un pharmacien. Je suis là pressé contre un mur sans pouvoir faire un pas dans aucun sens ; j'en profite pour accepter quelques provisions que l'on me passe par une fenêtre qui vient de s'ouvrir à ma hauteur.

Enfin l'artillerie s'ébranle. Aussitôt le village traversé, nous gagnons la route de Bitche. Les deux autres escadrons ont pris la route de Saverne. Nous arrivons dans la nuit aux portes de Bitche, mais nous ne pouvons y pénétrer et nous restons au pied des remparts. Pour la première fois de la journée, on parle de distributions, mais elles sont impossibles. Le gouverneur de la place nous laisse passer à quatre heures du matin et nous prenons la route de Saverne.

Cette route à travers les Vosges nous offre un paysage merveilleux. Bientôt nous rencontrons trois officiers d'artillerie revenant sur leurs pas. Ils n'ont pu passer à Ingerviller ni à Saverne. Nous retournons également sur nos pas dans la pensée de retrouver le 5e corps. En effet, la cavalerie Lamortière et Bernis se dirige sur Petite-Pierre; nous suivons un instant le 12e chasseurs et le 5e hussards et allons nous ravitailler dans le village de Pétersback en laissant un poste de correspondance pour être en communication avec les troupes de Petite-Pierre. Aucun engagement n'a lieu à Petite-Pierre, nous repartons pour Phalsbourg et Sarrebourg.

Tout le 1er corps est là, c'est un encombrement inimaginable. Des lanciers avec des turcos, des cuirassiers avec des zouaves, c'est impossible de circuler. Les troupes défilent toute la nuit n'importe dans quel ordre. La pluie dure depuis vingt-quatre heures. A trois heures du matin, nous montons à cheval après avoir été témoin du mouvement que je viens d'indiquer.

Le 10 août, nous quittons Blamont pour nous porter sur Lunéville. La pluie ne cesse pas, mais pour la première fois depuis quatre jours, il y a un peu d'ordre dans les différentes fractions. Les débris des régiments sont réunis, et chaque régiment marche à son tour. Il y a un ordre de mouvement.

Le 11 août, nous quittons Lunéville au milieu de la nuit. Nous étions bivouaqués au Bosquet, transformé en véritable marécage. Comme la veille, nous longeons les côtés de la route sans gêner l'infanterie et nous nous trouvons tout à fait en tête pendant la marche. Le maréchal Mac-Mahon est là avec son état-major. Le soir du 11 paraît un ordre pour les troupes du 1er corps qui passeront la journée du 12 dans leur cantonnement.

Le 12, à 9 heures du matin, les 3e et 4e escadrons

reçoivent l'ordre de monter à cheval et de se diriger sur Vezelise. Nous arrivons à Vezelise à deux heures et nous y apprenons que deux escadrons de hussards ont traversé Nancy. Aucune résistance n'a été faite.

Le 13, départ pour Neufchâteau ; nous faisons étape à Blainville. Le 14, nous arrivons à Neufchâteau. Cette ville est déjà remplie de toute la cavalerie du 1er corps. C'est la brigade Nansouty (2e et 6e lanciers). C'est la brigade Michel (8e et 9e cuirassiers).

Le 15, nous allons à Joinville. Le 16, nous faisons 49 kilomètres et arrivons presque à la nuit au village d'Arrigny, à seize kilomètres de Vitry-le-Français. Le 17, nous quittons Arrigny, traversons Vitry et allons camper dans les prairies de la Saulx. Une partie du 5e corps est dans la ville. Là, nous laissons quelques malades et ce que nous avons de plus mauvais en chevaux et nous partons à trois heures et demie.

La brigade a reçu les ordres suivants : le 3e hussards se dirigera sur Blesme et le 11e chasseurs sur Perthes.

Nous prenons d'abord la route de Ligny. Arrivés au village d'Ancerville, nous apprenons que la veille une patrouille de hussards rouges est entrée dans le village à dix heures du soir, et qu'un paysan qui refusait de leur donner des renseignements a été tué d'un coup de pistolet. Nous continuons notre route. C'est mon escadron qui est en tête. Nous sommes bientôt à huit kilomètres de Saint-Dizier, au village de la Houpette. Les paysans nous entourent, et il résulte des renseignements que nous recevons de tous côtés que deux cents hussards prussiens (hussards rouges) ont passé la nuit dans un bois, au nord et à un kilomètre du village.

Le commandant nous réunit et chacun reçoit des ordres particuliers. Pour mon compte, je dois faire une reconnaissance avec mon peloton dans la direction d'Aulnoy. J'étais environ à trois cents mètres de ce village, lorsqu'un paysan me donna les renseignements suivants : Des cavaliers prussiens (en tunique bleu de ciel, pattes rouges, casque en cuir à pointe) sont dans le village. La première réflexion qui me vint à l'esprit fut que nous avions devant nous une brigade, puisqu'il était question tout à l'heure de hussards rouges et que, dans ce moment-ci, des dragons étaient parfaitement définis. Je n'avais ni le temps de prévenir le commandant, ni de faire le tour du village, et je pris de suite le parti d'enfiler au galop la rue principale, à l'extrémité de laquelle j'apercevais les cavaliers ennemis. C'est seulement dans la plaine, au débouché du village, que je commençai à les gagner de vitesse. Malheureusement la poursuite ne donna pas beaucoup de résultats. Deux dragons seulement furent démontés, l'un avait reçu un coup de pointe dans le côté gauche, l'autre était tombé avec son cheval. Nous étions si contents et si animés par ce petit engagement que j'eus beaucoup de peine à arrêter la poursuite et à rallier mon peloton, ce qui était tout à fait nécessaire, car les Prussiens nous entraînaient vers un bois qu'ils occupaient avec le reste de l'escadron. Après avoir fait deux ou trois cents mètres en arrière, je profitais d'un petit mouvement de terrain pour arrêter mon peloton et interroger l'un des prisonniers. C'était un jeune homme de dix-huit ans, un Poméranien. Voici qu'il me dit : « Nous sommes sept cents chevaux, nous marchons depuis onze jours, mais depuis ce temps-là, je n'ai vu que mon escadron ; il est là dans le bois. »

J'envoie porter immédiatement ces renseignements au commandant de Bonne et je reste disposé en tirailleurs et face au bois. Les dragons sont armés du mousqueton Dreisse qui ne porte pas à plus de cinq cents mètres. Aucune balle n'est arrivée jusqu'à nous, tandis que nos carabines jetaient le désordre dans cet escadron qui ne voulait pas quitter le bois. Pendant cette fusillade inoffensive, du moins pour mon peloton, le commandant a rallié ses escadrons à peu près à ma hauteur ; mais les renseignements du matin, l'interrogatoire du prisonnier et un autre fait d'armes à l'avoir du capitaine Pommier nous obligent à nous arrêter. Une fois tout le monde rallié et les ordres donnés pour l'arrière-garde, les deux escadrons rentrent au village d'Aulnoy. Une distribution d'avoine y est faite rapidement et, comme le jour allait tomber, nous nous établissons en grand'garde sur un terrain découvert entre Aulnoy et Ancerville. Dans la nuit, un ordre du colonel nous prescrit de rentrer le lendemain à Vitry. Nous cessons d'être à la disposition du général de Failly qui nous avait employés pour faire la reconnaissance dont je viens de parler.

Le 20, nous allons à Châlons ; nous traversons cette ville et prenons ensuite la route du camp. Le régiment passe devant le quartier impérial au moment où l'empereur en sortait se dirigeant sur Reims. L'empereur, sa suite nombreuse, ses voitures, ses fourgons, tout cela défile devant le 11e chasseurs en colonne par quatre et arrêté sur la route même que suit le cortège impérial.

Nous croyions trouver le camp rempli de troupes, dans l'ignorance que nous sommes de la décision qui a été prise le 19, à savoir d'abandonner le camp et de faire le vide de ce côté, puis de faire marcher l'armée de Mac-Mahon à la rencontre de Bazaine. Ce mouvement est imposé au maréchal Mac-Mahon par le ministre de la guerre, le général Palikao. Toute la nuit du 20, l'infanterie a commencé son mouvement dans la direction de Reims. L'aspect du camp abandonné et le départ de l'empereur nous causent une profonde tristesse et paraissent de bien mauvais augure.

Pour la première fois depuis la campagne, le vaguemestre me remet une lettre de mon frère que je lis avec avidité et la joie que me cause cette lecture fait longtemps trêve à mes tristes pensées. Rien n'est plus curieux que le bureau de poste du camp de Châlons ; les lettres particulières comme les plis de service y sont accumulés depuis dix jours environ. Chaque jour, les employés suffisent à peine à classer et à faire sortir le 1/5e de la correspondance reçue, et comme la correspondance du jour est la seule dont on s'occupe, il en résulte que des monceaux de lettres obstruent littéralement les trois pièces du bureau.

Je traverse les cours et les bâtiments de la direction du génie ; tout est abandonné, les armoires sont encore pleines de linge et autres effets. Sur le parquet de la salle à manger, une lettre frappe ma curiosité, la voici textuellement, elle est adressée au commandant Venant, chef du génie :

« Mon cher commandant,

« Aussitôt après le départ de l'empereur, brûlez » tout au camp.

Signé : « Gal Castellaux. »

Cette lettre est du 17 août.

Le 23 août, nous quittons le camp ainsi que toute la cavalerie (environ dix régiments). Notre brigade, le 4e chasseurs d'Afrique et deux régiments de lanciers s'arrêtent à Saint-Hilaire-le-Grand, sur la route de Suippes.

Le 24, nous nous dirigeons par des chemins de traverse sur Juniville ; le 25, sur Attigny ; le 26, sur Voncques et Terron ; le 27, sur Vouziers. Mais à peine cette marche était-elle commencée, que nous restons cinq heures dans une prairie au delà de Terron. Nous revenons camper ensuite entre Voncques et Terron.

Le 28, nous restons au bivouac jusqu'à midi. Vers 9 heures, le général Michel fait sonner aux officiers ; il nous explique la situation et insiste sur l'importance d'aller au Chêne populeux pour concourir de notre mieux au grand mouvement général qui consiste à aller donner la main à Bazaine. Afin d'alléger les colonnes, chaque régiment reçoit l'ordre de garder seulement deux voitures et de diriger le reste de son convoi sur Mézières. Les chevaux de main des officiers sont également supprimés et dirigés sur Mézières. A midi, nous montons à cheval ; nous sommes séparés de la cavalerie prussienne par la rivière de l'Aisne dont les ponts sont coupés. C'est le 10e dragons qui est chargé de répondre à la fusillade, peu meurtrière du reste, des pelotons ennemis qui se présentent sur le flanc de la colonne. Après une marche pénible, nous arrivons au

Chêne. Cette position est couverte de troupes, les 5e et 7e corps y sont réunis en partie.

Le 29, nous quittons le Chêne avec une mission particulière donnée à chaque escadron du 11e chasseurs dans le but d'aller observer différents points de la Meuse. Le régiment se retrouve dans la soirée à Rocourt, village absolument dépourvu d'avoine, de fourrages et de pain. Comme il n'y a plus de voitures ni de chevaux de main, chaque officier vit comme il peut avec une tribu de son peloton.

Le 30, notre marche est de plus en plus pénible, à chaque instant nous sommes arrêtés par nos colonnes d'infanterie, la journée se passe en une grande partie de drogue. Nous passons vers six heures du soir la Meuse à Remilly, et à la nouvelle du combat de Mouzon qui avait lieu environ à cinq kilomètres de Remilly, les 3e et 4e escadrons reçoivent l'ordre de repasser la Meuse. Leur mouvement est inutile, ils reviennent à Remilly ainsi que toute la cavalerie du 5e corps mise en déroute au combat de Mouzon. Toutes les colonnes du 1er corps reçoivent l'ordre de se diriger sur la route de Carignan, mais cette route est déjà encombrée par les troupes du 5e corps. Il en résulte un tel entassement et un tel désordre que l'ordre est donné à toute l'armée de quitter la route et de passer la nuit dans les champs environnants. La marche vers Bazaine est abandonnée, et le maréchal, acculé et cerné à la frontière, va livrer une bataille. C'est pendant cette nuit que j'ai vu l'atmosphère éclairée par des fusées de différentes couleurs. Ces signaux, dont la signification était seule connue du grand état-major allemand, indiquaient, suivant la couleur des feux, que le mouvement de concentration ordonné à tel corps ou à telle division était exécuté.

Le 31, le régiment monte à cheval au petit jour et se dirige vers Sedan où nous arrivons vers onze heures du matin. Nous nous établissons sur les glacis au nord de la place. Pendant le reste de la journée, nous assistons à des combats partiels de tous les côtés. C'est l'armée allemande qui achève son mouvement d'enveloppement. Le capitaine de semaine m'envoie dans la ville chercher une ration d'avoine, je rapporte quelques sacs d'orge germé et à peine séché, triste régal pour nos pauvres chevaux.

Le 1er septembre, une heure avant le jour, une très forte canonnade se fait entendre entre la Meuse et le Chiers. Une ligne d'artillerie, forte d'environ douze batteries, est établie sur les hauteurs de Remilly. Son feu est des plus nourris et les éclairs qui brillent à chaque coup de canon sont tellement rapprochés que l'horizon semble rougi comme dans un incendie. C'est au milieu de ce concert que nous voyons apparaître le jour, et nous voilà à cheval, errant pour ainsi dire à l'aventure, sans mission définie; instinctivement et suivant les traditions de l'arme, toute la cavalerie Michel vient se masser derrière une petite crête surmontée d'un moulin, attendant une occasion favorable pour s'élancer, elle descend ensuite dans le fond de Givonne.

Afin de ne pas rester immobiles sous le feu qui déjà nous entoure de tous côtés, le général Michel fait exécuter à la brigade Septeuil un passage de ligne et voilà la cavalerie légère en tête de la division. Devant nous, nous voyons les chasseurs d'Afrique se rallier après la charge qu'ils ont fournie contre une colonne d'infanterie qui descend de Fleigneux. C'est à ce moment qu'un chef d'escadron de l'état-major du général Margueritte arrive à nous bride abattue et, s'adressant au général Michel avec une émotion qu'il contenait difficilement : « Allons, la cavalerie, suivez l'exem-» ple du général Margueritte, nous sommes cer-» nés, il faut charger à tout prix. »

Pour toute réponse, le général Michel porte la brigade légère environ à deux cents mètres en avant ; nous croyons tous que nous allons charger sur une infanterie dont nous présumons seulement les emplacements par les nuages de fumée qui l'entourent. Notre ligne de bataille est imposante. Je prends mon revolver, le mets dans ma ceinture, resserre le mouchoir qui me sert de dragonne et quitte mes gants pour en mettre une paire toute fraîche, puis en répétant quelques commandements de manœuvres, je recommande mon âme à Dieu ; l'impatience de chacun est arrivée au paroxysme, tout le monde voudrait charger ; mais un mouvement d'hésitation s'est produit dans l'esprit du général Michel et la charge, reconnue impraticable, n'est pas commandée.

On entend alors un commandement du général Septeuil qui rompt sa ligne de bataille sur son flanc droit. Une marche en colonne de pelotons s'ensuit et voilà toute la brigade derrière son général, le 11e chasseurs marche le premier et mon peloton est tête de colonne. Le terrain que nous traversons est labouré de projectiles. Mon capitaine commandant, qui est un peu en avant et à ma droite, reçoit un éclat d'obus sur la cuisse gauche. Heureusement, le projectile n'a pas une grande force de pénétration et il a dû, après l'éclatement, parcourir une longue trajectoire avant d'arriver à destination.

Cette marche de flanc a duré vingt minutes et, comme nous suivions le général qui montait un trotteur très vite, il est à présumer que nous avons fait un chemin relativement considérable. Les chevaux sont absolument essoufflés au moment où nous nous arrêtons pour nous abriter derrière la lisière sud du bois de la Garenne. Devant nous il y a deux chemins : le premier conduit à une usine, le deuxième mène en Belgique, ce dernier s'élève à flancs de coteaux. Alors, sans rien dire à sa brigade arrêtée, voilà le général Septeuil qui s'avance au pas et s'éloigne sans détourner la tête. Son officier d'ordonnance le suit à son grand regret et, chose incroyable, le commandant de Bonne prend la même route. La stupeur est considérable à la tête de la colonne. Le colonel est là, devant moi, et son silence en dit plus long que bien des commentaires. Il fait appeler les officiers et, sans mot dire sur la conduite du général, il nous fait part de sa résolution bien arrêtée de ne pas aller en Belgique.

A quelques pas de nous, un sous-officier d'artillerie, qui a la cuisse fracassée, nous dit qu'une troupe d'infanterie ennemie, dont il évalue la force à un bataillon, vient de passer près de lui se dirigeant vers l'usine qu'elle a dépassé depuis dix minutes. L'avis du colonel est que nous perdrions un temps précieux à faire une reconnaissance sans objet à l'heure déjà avancée de la journée, mieux vaut retourner au combat et essayer de déboucher sur un autre point en nous servant un instant du bois comme couvert. Nous voilà donc bientôt en plein bois; dans un chemin creux, nous sommes assaillis sur notre flanc droit par une grêle de balles; aucun mouvement n'est possible, chacun se penche et met la tête derrière l'encolure de son cheval. Enfin le régiment est passé avec quinze tués et douze blessés dont deux officiers. C'est surtout dans les deux derniers escadrons que les pertes sont sensibles. Si nous avons pu franchir un passage aussi difficile sans perdre plus de monde, il faut l'attribuer au tir défectueux des Allemands dont les balles passaient par-dessus notre tête, par suite de l'habitude d'appuyer l'arme sur le ventre. Le 3e hussards passe au même endroit, mais à une assez grande distance de nous, il laisse trente-cinq hommes tués ou blessés grièvement.

Nous voilà donc de nouveau en plein bois, errant à l'aventure, personne ne sait où il faut aller ni comment il faut retourner sur le champ de bataille. Nous retrouvons le général Michel avec sa brigade de lanciers et c'est à sa suite que nous côtoyons la frontière sans retourner au combat. Cette brigade de lanciers est commandée par le général Nansouty, qui réclame un escadron de cavalerie légère pour éclairer sa marche, sous prétexte que ses régiments n'ont pas d'armes à feu. C'est mon escadron qui est désigné et c'est mon peloton qui va faire la pointe d'avant-garde.

Après bien des hésitations, je finis par recevoir l'ordre de me diriger sur Charleville; la chose n'était pas facile, car je n'avais aucune idée du terrain que nous parcourions et il me tardait d'arriver près d'un village pour demander un guide. J'eus la bonne fortune de trouver un garde champêtre qui était un ancien chasseur d'Afrique.

Il va sans dire que la nuit était venue et tous les quarts d'heure je recevais des messages ainsi conçus : « Êtes-vous bien certain de nous diriger sur Charleville par le chemin le plus court? » Cette entrée à Charleville était navrante et nous eûmes le bon goût de continuer jusqu'à Maubert-Fontaine où nous arrivâmes à trois heures du matin, ce qui nous faisait vingt-quatre heures en selle. Il était temps de faire manger hommes et chevaux. Quand les distributions sont terminées, chacun prend un peu de repos, puis nous repartons pour Hirson où nous arrivons vers onze heures du matin. Nous faisons ce jour-là une marche de nuit qui nous amène à Avesnes à cinq heures du matin. Le lendemain nous étions à Landrecies où nous prenions le chemin de fer pour Versailles.

Le 10, départ de Versailles pour Avignon. La journée du 11 est passée en chemin de fer. 12, 13, 14, 15, 16, 17, séjour à Avignon. Malgré tout le désir que j'avais de rester au 11e chasseurs, je suis obligé de quitter le régiment où je n'avais plus d'emploi par suite de ma promotion au grade de capitaine en date du 3 septembre, et aussitôt la réorganisation du 11e chasseurs dont le dépôt était à Avignon, je fus obligé de rejoindre le dépôt de mon nouveau régiment, le 6e dragons. Ce dépôt était à Libourne. J'y arrivais le 19 et j'y restais jusqu'au 15 octobre occupé à dresser des hommes et des chevaux pour constituer un détachement destiné à l'armée de la Loire.

Le 15 octobre, dans la matinée, je quitte Libourne avec mon détachement qui était fort de cinquante-huit chevaux et soixante-dix hommes. J'arrive à Vierzon le 16 au matin, et à la Motte-Beuvron le 16 au soir. Le 1er escadron où je dois occuper un emploi de capitaine en 2e était de grand'garde ce jour-là autour de la Motte-Beuvron. Le camp est à Salbris ; c'est là que le général d'Aurelle organise le 15e corps. Le 6e dragons et le 6e hussards composent la cavalerie de ce corps d'armée. Tous les jours, dans chaque régiment, il y a un escadron de grand'garde et un de piquet. Bien que l'ennemi soit encore loin, il règne au camp de Salbris une activité et une discipline qu'il faudra toujours citer comme un exemple inoubliable de ce que peut la volonté d'un chef aussi exigeant pour les autres que dur pour lui-même. La cour martiale fonctionne en permanence au camp de Salbris et les jugements sommaires sont exécutés aux yeux de tous sur le front de bandière. Ces exemples étaient nécessaires, car les régiments de marche qui composaient le 15e corps étaient remplis de soldats maraudeurs et indisciplinés.

Le 24, pendant que le 1er escadron était en grand'garde, nous avons le spectacle d'une aurore boréale très étendue dont la durée a été d'environ une heure. Le 26, nous quittons nos bivouacs de Salbris pour Millancey. Le 27, nous sommes à Cour-Cheverny et le 28 à Blois. Le 29, nous quittons Blois dans la nuit pour arriver à Suèvres dans la matinée. Le 1er peloton de mon escadron reçoit l'ordre d'aller faire une reconnaissance sur Saint-Laurent. Nous passons la journée du 30 à Suèvres et celle du 31 à Mer où nous restons cinq jours.

Le 7, on entend le canon à onze heures du matin du côté de Marchenoir. Nous montons à cheval et arrivons à Marchenoir à cinq heures, l'engagement est fini. Le régiment reçoit l'ordre de couvrir pendant la nuit les bivouacs de l'infanterie. Je pars en grand'garde avec mon escadron. Pendant que je plaçais les petits postes, le général Chanzy vint à moi et, dans une conversation des plus intéressantes, il m'indiqua de quel côté il avait l'intention de faire converser sa ligne de bataille pour attaquer l'ennemi avec un rideau qui lui masquerait longtemps la véritable attaque.

L'engagement que prévoyait le général n'a pas lieu et le 8 nous faisons une longue marche. Nous passons par Binas et arrivons à deux heures à Prénouvelon. Les chevaux restent sellés ; c'est le 2e escadron qui est de grand'garde. Le commandant Dupont part avec le 3e et le 4e pour aller se mettre à la disposition de l'amiral Jauréguibéry qui commande la 1re division du 15e corps. Partout, pendant la nuit, brillent les feux de bivouacs, et de tous côtés circulent les estafettes portant les derniers ordres du général d'Aurelle pour la bataille qui va se livrer.

D'après le plan élaboré par la délégation de Tours, le général doit agir de concert avec les autres corps, mais, par suite de circonstances dont l'exposé sort du cadre de ce récit, il va lutter seul contre le corps d'armée du général Von der Thann, le 9 au matin. Les Bavarois ont fortifié Saint-Péravy et Bacon. Ces deux villages sont situés en face notre aile droite et c'est de ce côté que l'action s'engage tout d'abord. A gauche, le général Reyau doit se porter avec toute le cavalerie sur Saint-Péravy et même au delà, si c'est nécessaire, pour barrer la route de Paris, ligne de retraite des Bavarois. Le général Reyau, qui aurait mieux fait de rester dans le cadre de réserve, montra ce jour-là une grande incapacité ; il ne comprit pas le rôle qu'il devait jouer et toute la cavalerie, qui aurait pu transformer la victoire de Coulmiers en un désastre complet pour le général Von der Thann, ne rendit aucun service. A quatre heures et demie, alors que les Bavarois se retiraient en désordre sur la route d'Arthenay, le 6e dragons rentrait à Prénouvelon d'où il était parti le matin. Le jour de la bataille de Coulmiers, j'ai pris le commandement du 1er escadron, commandement que j'ai gardé pendant tout le temps que je suis resté au 6e dragons.

Le 10, nous quittons Prénouvelon, nous passons par Epied et, à mesure que nous avançons, nous traversons tout le champ de bataille de la veille. Contre le pignon d'une des premières maisons du village d'Epied, il y a une trentaine de morts qui n'ont pas encore été ensevelis. Ce sont presque tous des mobiles. Un peu plus loin, dans la plaine, au nord d'Epied et tout près de la route que nous suivons, un hussard français est couché à plat ventre, la tête contre terre et entre les jambes de son cheval. Il tient encore sa trompette à la main et le cheval, qui n'est pas encore mort, soulève de temps en temps la tête dans la direction de son cavalier. Ce spectacle est grandiose dans sa lugubre simplicité. Partout les fermes sont brûlées et les murs de clôture, percés de nombreuses meurtrières, témoignent de l'acharnement du combat qui s'est livré autour de ce village. Nous arrivons ensuite à Saint-Sigismont ; il y a environ cent cinquante Bavarois prisonniers, trente voitures, deux pièces de canon et quatre-vingts chevaux. Cette prise a été faite le 10 au matin par un peloton du 4e escadron guidé par un officier de l'état-major du général en chef. Ce simple fait indique bien clairement tout le mal que notre cavalerie aurait pu faire. Les Bavarois qui sont là sont très chaudement vêtus, tous les effets sont neufs et ils ont des gants très chauds. Les voitures qui sont sur la place sont remplies pour la plupart d'effets d'habillement et de chaussures,et ces remarques me sont surtout inspirées par l'état de délabrement dans lequel nous sommes au point de vue des vêtements.

Le 11, nous allons à Renneville ; le 12, le 1er escadron est de grand'garde dans la direction de Patay, à la ferme d'Allonnes. Patay est occupé par les francs-tireurs de Paris et un escadron du 11e chasseurs. Les 13, 14, 15, 16, 17 et 18, nous restons à Renneville. La boue, dans ces plaines de la Bauce, est tellement profonde et détrempée,que nous sommes obligés de changer notre bivouac tous les jours, sans trouver moyen de faire tenir les cordes. La chaussure est dans un état lamentable.

Le 18, nous montons à cheval à deux heures de l'après-midi et arrivons à Saint-Lyé. Pour la première fois depuis le commencement de la campagne, il est question de mettre les hommes et les chevaux à l'abri. A Saint-Lyé, l'essai ne peut être fait, du moins pour nous, car le village est déjà rempli de cavalerie. Nous restons là le 19, le 20 et le 21. Dans la nuit du 20 au 21, il y a une alerte; le 6e dragons monte à cheval, et de cinq heures du matin à dix heures, nous restons la bride au bras à huit kilomètres de Saint-Lyé, puis nous revenons au village et, cette fois, nous y entrons, car nous y sommes seuls.

Mais cette première nuit de cantonnement ne fut pas de longue durée, du moins pour le 1er escadron, que je reçois l'ordre de conduire à Neuville. J'y arrive dans la nuit et j'y trouve le colonel Cap-Depont avec un régiment de tirailleurs. Le lendemain, cette petite colonne se rend à Chieurs-au-Bois. Je mets mon escadron dans deux ou trois grandes fermes et suis obligé de réquisitionner de l'avoine et de menacer M. le maire de le faire arrêter. Il s'agit d'organiser la défense du village et cela malgré les habitants qui ne veulent pas s'y prêter. L'infanterie élève des retranchements et barricade toutes les issues. Je vais reconnaître une position où je pourrai, le cas échéant, me rendre, même la nuit. A la pointe du jour, j'avais envoyé un peloton dont les différentes patrouilles devaient prendre des renseignements sur toute la ligne ennemie. En rentrant, ce peloton ramène un dragon bavarois que l'on conduit au corps-de-garde. Comme ce prisonnier désirait me voir, je me rendis au corps-de-garde, et voici les paroles qu'il m'adressa en excellent français, après avoir pris une position et une attitude militaires parfaitement correctes : « J'en appelle au » commandant de cavalerie, est-ce l'habitude en » France d'enlever la coiffure des prisonniers. » Il m'expliqua alors que le lieutenant qui l'avait fait prisonnier lui avait pris sa calotte d'écurie. L'incident n'eut pas de suite et mon Bavarois en fut pour sa prose, mais mon étonnement fut grand de trouver des soldats allemands aussi instruits de notre langue. Involontairement je pensais aux colporteurs qui inondaient nos départements depuis bien des années et qui, sous prétexte de commerce, se livraient à l'espionnage le plus complet en prenant note de toutes les ressources qu'offraient les localités où ils opéraient.

Ce fut seulement le 23 que les Prussiens attaquèrent ; l'attaque a lieu surtout du côté de Neuville et la petite colonne de Chieure-au-Bois n'y prend pas part. Le 24, je reçois l'ordre d'escorter deux caissons de munitions et suis obligé, pour accomplir ma mission, de traverser Neuville, c'est-à-dire le terrain où la lutte de la veille a été la plus forte. Les cadavres prussiens sont en grand nombre aux abords de la route, derrière un remblai de peu d'élévation. Ce sont des soldats appartenant à la garde royale et tous de grande taille.

Le 25 et le 26, nous n'avons pas d'alerte, mais le 27, nous montons à cheval dans la nuit et, au petit jour, nous occupions une position à la gauche du corps du général Crouzat qui va livrer la bataille de Beaune-la-Rolande. Nous avons d'abord quelques succès à l'ouest et au sud de Beaune. Le général Martin des Pallières se porte au secours des 18e et 20e corps. Il passe devant nous avec sa division beaucoup trop tard pour servir à quelque chose, car avant que cette division soit sortie des mauvais chemins où elle avançait péniblement, les deux corps Crouzat étaient déjà en retraite.

C'est le 29 que je quitte le colonel Cap-Depont pour rejoindre le 6e dragons à Chambon. Le 30, le régiment tout entier est envoyé reconnaître les positions ennemies dans la direction de Pithiviers. Les corps allemands commencent à se concentrer. Nous avons devant nous l'armée du prince Frédéric-Charles et celle du grand-duc de Mecklembourg.

Le 2 décembre, le 16e corps est aux prises avec un corps bavarois et le 15e corps, qui s'est porté à son secours, arrête l'effort de l'ennemi jusqu'à deux heures de l'après-midi. Ce jour-là, la cavalerie a cherché à prendre sa revanche de Coulmiers, mais sans y réussir. Deux fois, je reçois l'ordre de déployer mon escadron en tirailleurs, mais le terrain ne se prête pas aux charges. Nous avons eu ce jour-là un officier et six dragons blessés. Pour mon compte, j'ai reçu une balle qui s'est aplatie sur le fer du pied gauche de mon cheval, mais une chose plus curieuse a eu lieu ce jour-là. Nous étions depuis une heure environ immobiles derrière notre infanterie, attendant de pouvoir profiter de son mouvement en avant pour gagner son flanc, lorsque un cavalier arrive au galop sur notre front et s'arrête à peine à cent mètres de la ligne de bataille. Personne ne l'a vu ou plutôt ne l'a remarqué. En même temps, tout le monde dit : c'est un Prussien ; les carabines partent, il reçoit au moins cinquante coups de fusil et disparaît derrière un bouquet de bois. C'était bel et bien un officier qui venait de faire sa reconnaissance. Cette bataille du 2 décembre s'appelle la bataille de Poupry.

Le froid n'avait pas encore été aussi vif depuis le commencement de l'hiver. Ce jour-là, le thermomètre est descendu à 14° et la nuit a été des plus pénibles. Il n'est plus question de cantonnement par suite de l'agglomération des troupes. Les bons coins, qui sont rares, sont pour la division Peytavin ; finalement la cavalerie a couché dehors au grand détriment des bottes et des manteaux, car il était impossible d'empêcher les hommes de se rôtir autour des feux qui restèrent allumés toute la nuit.

Le lendemain 3, le bivouac est levé à sept heures et déjà le canon tonne dans la direction d'Arthenay. Voilà la cavalerie qui commence ses mouvements d'avancement et de recul sans pouvoir être employée utilement, les allures vives sont bien difficiles au milieu des labourés qui sont plus durs que la pierre. Nous allons à Chevilly, ensuite à Gidy. Ces deux points sont fortifiés au moyen d'épaulements défendus par des canons envoyés de Rochefort et de Brest. Les pièces de Gidy n'ont pas tiré le 3, mais celles de Chevilly ont tiré toute la journée. Le 3, au soir, les mouvements de l'armée allemande, qui marche suivant trois directions concentriques, sont bien accusés, et ils ne nous laissent d'autres ressources que celle d'évacuer Orléans. Cet ordre sera donné le 4 vers midi par le général d'Aurelle. Nous passons la nuit du 3 au 4 dans le village de Gidy.

Le 4, vers sept heures du matin, nous évacuons le village qui sert déjà de cible à l'artillerie ennemie. Le 14 novembre, la création d'un camp retranché avait été décidé dans une conférence à laquelle assistaient Gambetta, Freycinet, le général d'Aurelle. A l'ouest de la route de Paris, on fit construire une ligne de retranchement et de tranchées-abris partant de Chevilly pour rejoindre Gidy, Boulay et les Ormes, quatre-vingt-quatre canons de la marine furent employés à armer ces batteries. Le général Dastugue nous met en bataille derrière les retranchements de Gidy; nous nous attendions à chaque instant à voir tonner ces formidables canons qui servent à la défense des côtes, mais pas un seul coup ne fut tiré et ces pièces, qui avaient coûté tant de peines pour arriver autour d'Orléans, sont restées inutiles.

Bientôt nous quittons les lignes de Gidy-Chevilly, et nous voilà errants au milieu des vignes, dans des chemins d'exploitation, à la recherche de la route des Ormes, position que le général Dastugue avait reçu l'ordre d'aller occuper ; la cavalerie allemande devait, suivant toute probabilité, prendre la route de Châteaudun. Dans cette marche, nous revenons un instant sur la grande route de Paris à Orléans et nous sommes témoins de la façon remarquable dont l'infanterie soutient la retraite.

A trois heures, nous nous arrêtons derrière un moulin et faisons face à l'ennemi disposés en échelons. Le général Dastugue est à la droite du 1er escadron qui forme l'échelon le plus avancé. Un obus tombe auprès de lui et, comme notre formation ne semblait nécessitée par la présence directe d'aucun ennemi, nous reprenons notre marche toujours dans la direction de la route des Ormes. C'est alors que je rencontre le général Borel ; je lui dis que je fais l'avant-garde du régiment et que j'ai ordre de gagner la route des Ormes. « Arrêtez-vous, me dit-il, il n'est pas » question de cela, l'important est de soutenir la » retraite le plus longtemps possible pour per- » mettre à toute l'armée de passer la Loire. » Cela dit, il courut au général Dastugue et, en même temps que le régiment faisait demi-tour se dirigeant sur Orléans, je recevais l'ordre d'en former l'arrière-garde et de me retirer le plus lentement possible.

Le général Borel revint à moi et me donna directement les ordres suivants : « Les vignes que » voici sont occupées par un bataillon de chas- » seurs derrière lequel vous pourrez vous retirer » après le choc que vous allez avoir sur la route » même, car la cavalerie allemande arrive grand

» train. Disposez donc votre escadron par peloton » pour barrer successivement la route. » Je donne mes ordres rapidement et, une fois mes pelotons placés, je me porte en avant pour être renseigné plus vite. Ne voyant rien venir, je m'approche du commandant des chasseurs à pied qui me dit avoir à peu près les mêmes ordres que moi. Arrive ensuite un colonel d'artillerie avec deux batteries. Mes pelotons le laissent passer ; il me fait demander et me donne l'ordre de l'accompagner pour protéger sa mise en batterie. Je lui répond que je suis déjà à la disposition d'un commandant de chasseurs dont le bataillon est disposé dans les vignes à droite de la route. Alors s'engage entre les deux officiers supérieurs une discussion qu'il me tardait de voir prendre fin. Je finis par dire que je serai plus utile avec l'artillerie, et j'allais protéger les deux batteries. Après deux kilomètres de route, je dis au colonel que, s'il n'avait pas l'intention de se mettre en batterie, je ne pouvais rester ainsi avec lui, attendu que mon régiment avait déjà passé la Loire et qu'il me serait impossible de le rejoindre.

Quand il se décida à me rendre ma liberté, il était quatre heures du soir et toutes les routes étaient encombrées de nos soldats qui cherchaient à gagner le pont de la Loire. Je réunis alors les officiers et, leur faisant part de la situation, j'insistais sur ce point à savoir que pour gagner rapidement le pont de la Loire, il fallait laisser à chacun sa liberté d'action. L'escadron fut bien vite dispersé et chacun se dirigea à sa guise. A mesure que les dragons arrivaient de l'autre côté du pont, ils se reformaient, mais l'escadron était à peine réuni que le régiment, que nous avions retrouvé autour des feux de son bivouac, remontait à cheval pour continuer la retraite dans la direction de la Ferté-Saint-Aubin, où nous arrivâmes à onze heures du matin. La fatigue des hommes et des chevaux était extrême ; depuis la bataille de Poupery, le plus grand nombre n'avait pas trouvé moyen de se reposer et les quelques heures que les 2e, 3e et 4e escadrons passèrent au bivouac, au sud d'Orléans, furent très funestes aux bottes et aux manteaux, et la mauvaise chance que j'eus d'être à l'arrière-garde ce jour-là me préserva de cette nuit qui fût si préjudiciable aux effets.

Le 6, nous allons à la Motte-Beuvron, le régiment s'établit dans les allées du parc attenant au château de l'empereur, et les chevaux sont attachés de tous les côtés à des arbres ou à des clôtures. Pendant la nuit, nous apprenons que l'ennemi nous poursuit et qu'il est en force à Saint-Aubin. La marche reprend alors dans la direction de Nouan que nous quittons également après un arrêt de trois heures à la suite d'une véritable panique. Voici ce qui s'était passé.

Aussitôt arrivé à Nouan, le 5e escadron, capitaine de Perry, fut envoyé en grand'garde dans la direction de la Motte-Beuvron. Sa grand'garde était fort judicieusement placée, mais il avait eu le tort de ne pas faire reconnaître assez loin la route qu'il gardait. Le commandant Dupont, qui était allé au delà de la grand'garde pour son compte personnel, revint de sa promenade qu'il n'avait pu continuer à cause de la rencontre d'une patrouille de hussards rouges. Au lieu de dire au capitaine de Perry qu'il allait être attaqué, il affecta de revenir au pas, gardant le silence le plus complet sur la cause de son retour. Quelques minutes après la grand'garde était attaquée. Un peloton de hussards rouges, ayant à sa tête un major prussien, arriva en plein galop. Sans s'inquiéter du peloton du lieutenant Bernard qui barrait cependant la route, les hussards passèrent à droite et à gauche ; poursuivis et mélangés avec les dragons, cette troupe arriva ainsi aux portes de Nouan, où se trouvait heureusement une compagnie de zouaves. Le major prussien, qui avait environ quatre-vingts mètres d'avance, fut blessé d'un coup de feu et achevé à coups de baïonnette. Les dragons et les hussards étaient toujours emballés, ils ne s'arrêtèrent qu'entourés par les zouaves et la plupart des chevaux allèrent donner contre les voitures qui servaient à barrer la route.

Nous étions tous à Nouan au repos et sous la protection des grand'gardes. Le désordre fut donc complet, et si l'audace de ce premier peloton avait été suivi par le régiment, les quelques troupes cantonnées à Nouan auraient bien pu tomber au pouvoir de l'ennemi. Au premier moment, chacun se porta sur sa place de rassemblement et le régiment se porta au secours de la grand'garde. Le capitaine de Perry, qui avait envoyé reconnaître les troupes qui pouvaient se trouver derrière ce régiment de hussards rouges, rendit compte au général Dastugue de la présence de deux batteries. La cavalerie prit alors une formation en échelons pour protéger l'écoulement de l'infanterie et le général Dastugue fit manœuvrer les troupes, tout en se retirant sur l'ancien camp de Salbris.

La journée fut des plus rudes, nous n'avions pas une seule pièce de canon. Il y avait en tout deux régiments de cavalerie et deux régiments de zouaves. L'ennemi ne fut guère entreprenant, ce fut seulement vers le soir que ses batteries nous inquiétèrent en tirant pendant plus d'une heure sur l'ancien camp de Salbris que les Allemands supposaient occupé. Quand la nuit fut tout à fait venue, nous cessâmes de nous retirer à travers champs et en ordre de bataille, comme nous le faisions depuis le matin et nous primes la route de Vierson.

Cette journée du 7 est fertile en enseignements. Ce mélange des deux pelotons, dragons et hussards, galopant à plein train sur la route, ne peut s'expliquer qu'à cause de la préoccupation qu'avait chaque cavalier de tenir son cheval sur le verglas. Il faut encore ajouter que les Allemands étaient tous ivres. Cette poursuite hardie ou reconnaissance offensive, comme on voudra l'appeler, a été bien menée, au début, et jamais les grand'gardes n'arrêteront l'impétuosité d'un ennemi décidé à passer. Si ce premier peloton d'éclaireurs n'avait pas été cueilli par la compagnie de zouaves et si le chef de cette reconnaissance avait été renseigné sur les forces qu'il avait devant lui, il ne serait pas resté pour ainsi dire inactif pendant toute la journée.

Le 8, nous quittons Vierzon à sept heures du matin pour aller à Issoudun. La marche est des plus pénibles ; les routes sont couvertes de verglas, le temps est glacial et les clous à glace font défaut. Nous passons la journée du 9 à Issoudun, ce repos est nécessaire et les fournisseurs de toute espèce, tailleurs, bottiers, maréchaux, sont mis à contribution.

Le 9, nous partons à dix heures du soir pour arriver à Châteauneuf à sept heures du matin. Cette marche de nuit a toujours été inexplicable et témoigne de l'affolement qui présidait encore aux ordres qui nous faisaient agir. A Châteauneuf, j'ai la bonne fortune d'être logé au château appartenant au duc de Maillé et mon escadron tout entier est logé dans les dépendances du château.

Le 11, nous quittons Châteauneuf pour aller à Rozières, près Saint-Laurent. Ce jour-là, je suis logé dans un vaste atelier de chaudronnerie. Nous ne sommes pas prêts à retrouver les bonnes écuries de Châteauneuf.

Nous allons le 12 à Mehun ; la route est très belle ; nous sommes sur les bords du Cher. Pendant toute la marche, nous croisons des colonnes importantes venant de Bourges. Je compte quatorze batteries. Nous arrivons à Mehun à sept heures du soir. L'encombrement des troupes est considérable et, par suite, notre cantonnement des plus médiocres. La nouvelle se répand que Vierzon est occupé par les Prussiens, c'est le 6e hussards qui est chargé de se porter sur Vierzon, ce régiment faisait brigade avec nous au camp de Salbris. Les Prussiens avaient quitté Vierzon quand nos hussards y entrèrent.

Le soir du 13, nous y refaisions également notre entrée. La ville vient d'être occupée par un régiment de uhlans qui s'y est livré à mille excentricités. On nous montre un salon au rez-de-chaussée où ils ont fait entrer leurs chevaux pour y passer la nuit, comme dans une écurie. Toutes les portes sont couvertes d'inscriptions à la craie indiquant les noms des gradés, le nombre de chevaux à loger, etc. Cette pratique, qui est très utile, n'existait pas alors dans l'armée française. Partout les télégraphes sont coupés, le pont du chemin de fer de Bourges est détruit. Nous sommes destinés pour garder la ville. Je vais en grand'garde à trois kilomètres de la ville.

Le 16, je vais cantonner avec mon escadron aux Grands-Ormes, chez M. Paul Hochereau, maire de Brinay. C'est une très belle ferme, mes hommes et mes chevaux sont parfaitement logés. Nous y restons les 16, 17, 18, 19 et 20.

Le 21, nous allons à Quincy ; le 22, à Saint-Germain du Puy. C'est là que nous apprenons qu'il est question de transporter vers l'Est le 18e corps, le 20e, le 25e et le 15e, dont nous faisons partie. Le commandement de cette armée doit être confié au général Bourbaki et les mouvements que nous allons faire n'ont plus qu'un but de concentration qui doit se terminer par une suite d'embarquement en chemin de fer.

Nous retournons le 23 à Mehun, puis à Vierzon où nous restons les 26, 27 et 28. Le 29, je suis détaché à Orcey avec un bataillon de chasseurs. Je vais ensuite à Nancey, j'y reste jusqu'au 4 janvier. Le 5, nous retournons à Vierzon où nous devons nous embarquer. Le 6 janvier, à une heure, le 1er escadron prend en chemin de fer la direction Néronde, Saincaize, Nevers, le Creuzot, Chagny. A Saincaize, un homme de mon escadron est tué par une locomotive qui manœuvrait ; c'était un excellent soldat que nous aimions tous beaucoup, il était décoré de la médaille militaire. Je dois emporter le corps sans savoir où nous pourrons lui rendre les honneurs. Cet événement attrista beaucoup notre départ. Tous ces transports par chemin de fer se font avec un grand désordre et sans entente avec la compagnie. Il en résulte que les voies sont bientôt encombrées de trains en détresse. On n'avance plus. Les dragons, entassés et immobilisés dans les wagons, souffrent cruellement du froid et de la privation d'aliments chauds.

Après Chagny, nous passons à Dijon, ensuite à Dôle, où nous sommes le 8, à dix heures du soir. Nous quittons la station de Dôle pour faire environ dix kilomètres et nous voilà immobilisés dans une vaste tranchée à la station de Rochefort. Nous y étions encore le 11 au matin. Ces trois jours et ces trois nuits à la même place, au milieu de la neige, ont augmenté de beaucoup le nombre des malades. Les hommes n'ont absolument que du pain et du biscuit ; il est difficile de se procurer de l'eau. Les corvées qui y sont envoyées doivent faire deux kilomètres, aller et retour, pour sortir de cette tranchée où la neige est amoncelée, et à chaque instant, pendant trois jours et trois nuits, le conducteur du train prétend qu'il va partir.

Le général de Longuerue est dans le train ainsi que le commandant Horeau qui va prendre le commandement d'un bataillon de mobiles. Ce dernier me donne une forte dose de laudanum qui, au lieu de me guérir, me rend absolument malade. J'entrevois beaucoup de difficultés à rejoindre mon escadron si je suis obligé de m'arrêter. Je vais donc trouver le général qui était dans un wagon à côté du nôtre. Il me dit qu'il ne savait guère ce qu'il allait faire de sa cavalerie et que je ne devais pas hésiter à chercher un village pour m'y faire soigner, ce qui, à son avis, était bien préférable à l'ambulance, et que, d'ailleurs, d'après la tournure du voyage, il était impossible de prévoir quand la marche reprendrait.

Je pris alors mon casque et mes armes et, à

l'aide de deux dragons, je sortis par un escalier assez raide de cette tranchée qui avait près de vingt mètres de haut. Les dragons me conduisirent dans un village et j'entrais dans la première maison venue. J'y trouvais un lit excellent et des boissons qui n'étaient pas faites avec de l'eau de neige. En causant avec le fermier qui me soignait si bien, je lui demandais s'il n'y avait pas une voiture dans le pays. Mon idée était de me faire transporter jusqu'à Besançon chez un ancien camarade dont je connaissais l'adresse. Le paysan me dit qu'il ne connaissait qu'une voiture suspendue appartenant à M. de Toytot et qu'il habitait à six kilomètres, au village d'Audelang.

Ce nom me rappela d'excellents souvenirs et, dans le triste état où je me trouvais, je n'hésitai pas à en profiter, et me voilà parti sur un char franc-comtois, entassé dans la paille où je suis couché. Arrivé à Audelang, je fais demander M. de Toytot, mais je suis reçu d'abord par une gouvernante allemande qui commence une longue jérémiade sur les malheurs de la guerre et qui veut absolument que je la renseigne sur l'incendie qui a dévoré plus ou moins la cathédrale de Strasbourg.

Deux ou trois fois, et aussi courtoisement que possible, je demande si mon lit est prêt; pour toute réponse, la gouvernante me fait espérer le retour de madame de Toytot. Sa présence fut une vraie délivrance pour moi. En deux mots, je lui explique ma situation et j'ajoute rapidement que le bon souvenir que j'ai gardé de son mari, alors qu'il était en garnison à Abbeville, m'a autorisé en quelque sorte à venir lui demander aide et protection. Cinq minutes après, j'étais dans une chambre confortable. Le médecin vint me voir le jour même et, tout en constatant une forte fièvre, il me promit de me remettre sur pied dans cinq ou six jours. Madame de Toytot me soigna avec beaucoup de savoir et de dévouement. Pendant quinze ans, j'ai correspondu avec cette excellente famille que j'espère toujours avoir le plaisir de revoir.

Le 16 janvier, j'étais assez solide sur mes jambes pour me mettre en route. M. de Toytot me conduisit lui-même à Dôle où il m'est impossible d'obtenir aucun renseignement sur les emplacements occupés par la cavalerie du général Longuerue. Je vais alors à la gare et monte dans le premier train en partance pour Clerval. Arrivé à Bard, le train que j'ai pris reste cinq heures en détresse et le chef de gare m'explique qu'il va le faire garer pour laisser passer un train de munitions. Je saute dans le train de munitions et fait route avec le conducteur, d'abord jusqu'à Clerval et ensuite jusqu'à Beaume-les-Dames, où des chariots en grand nombre sont réunis pour charger les munitions et les vivres.

Nous sommes au 17 janvier, les trains ne vont pas plus loin et je parcours la ville pour trouver une voiture qui me conduise à l'Isle-sur-Doubs, où je viens d'apprendre que les dragons étaient occupés à piquer les routes et à déblayer les neiges pour faciliter le passage des convois. Je finis par trouver un cabriolet et un cheval ferré à glace. Les consignes sont très sévères, surtout la nuit, mais mon conducteur me semble décidé à passer quand même. Jamais je n'ai fait un trajet plus pénible. La route est encombrée dans les deux sens. A chaque pas, nous rencontrons des files de voitures arrêtées; la route est un véritable glacier, les chevaux sont incapables de tirer et les poids auxquels ils sont attelés ne sont pas en rapport avec leur aspect maigre et décharné. Grâce à l'obscurité de la nuit, je me dissimule de mon mieux dans le fond de la voiture; mon conducteur, à toutes les injonctions d'arrêter, répond avec assurance et conviction : « *laissez passer les dépêches* », et chacun de se ranger de son mieux. Enfin, nous finissons par arriver à l'Isle-sur-Doubs, je termine la nuit dans la maison occupée par le général Dastugue. Il me donne des renseignements positifs sur les emplacements où se trouve mon régiment.

Dans la matinée du 18, je vais à Médière où je trouve le colonel, puis je reviens au village de Moncenais où je retrouve enfin mon escadron. Chacun me confirme l'inutilité de cette cavalerie transportée à si grands frais à la suite des trois corps d'armée. Aucun des escadrons n'a pris part aux différents combats livrés autour d'Héricourt. Le seul service qu'ils ont rendu a été de faciliter le passage des convois en déblayant les routes couvertes de neige.

Toute la journée du 19, le 15e corps battit en retraite par la route de Soye et le 18e par la route de Rougemont. Le 20, nous quittons le village de Moncenais pour aller à Beaume-les-Dames. Ce jour-là, je vais cantonner au village de la Bretinière; j'y étais installé depuis une heure environ quand arriva le général Clinchant et son état-major. Très étonné de ma présence, il me signifia de remonter à cheval et me donna l'ordre de déloger rapidement. Naturellement je dus m'exécuter, mais sans savoir où je pourrais bien aller.

A tout hasard, je me dirigeais sur le village de Fontenotte et je fis prévenir mon colonel. Il était quatre heures du soir quand j'arrivais dans ce village. Le général Bourbaki le traversait et, fort content d'y voir de la cavalerie, il m'indiqua lui-même les emplacements que je devais occuper pour me garder pendant la nuit. Je ne me croyais pas si prêt de l'ennemi et, n'ayant rien pu voir du terrain, à cause de l'obscurité, il me tardait bien de voir venir le jour, car ma position était absolument en l'air.

Le 22, je rejoignis le régiment à Champvau et le 23, nous traversâmes Besançon. Autour de cette ville, les troupes sont accumulées en grand nombre. L'impression générale est que nous allons y être cernés comme à Metz. Le 23, nous allons à Boussières, le régiment tout entier doit s'y arrêter. Mais dans la journée, des renseignements venus des gardes-forestiers font connaître que la forêt de Chaux est occupée par des forces considérables. Le général Clinchant, qui a remplacé le général Bourbaki dans le commandement de l'armée de l'Est, envoie courrier sur courrier au colonel de Villers pour faire fouiller la forêt de Chaux, dont nous sommes éloignés de quinze kilomètres. C'est à mon escadron qu'est dévolu la mission d'aller faire cette reconnaissance. Je demande, mais en vain, quelle route suivra le régiment dans le cas où il quitterait Boussières. Je me décide alors à laisser un de mes sous-officiers et je pars avec un guide qui me dirige d'abord vers le village de Torpes.

Nous étions si dépourvus de cartes et si peu renseignés sur le pays que nous traversions, que j'arrivais tout à coup sur les bords du Doubs ; ne voyant pas de pont, j'en exprimais mon étonnement au paysan qui me guidait. Il me répondit qu'il y avait un bac que nous allions trouver en descendant quelques centaines de mètres et qu'il ne connaissait pas d'autre pont avant six kilomètres au moins. Il ne fallait donc pas songer à prolonger un pareil trajet, que la nuit rendait aussi long que pénible.

Arrivé à hauteur du bac, je n'avais plus que deux choses à faire, chercher à accomplir ma mission et laisser mon escadron que je ne pouvais conduire de l'autre côté de la rivière. Je montais dans le bac avec un sous-lieutenant et quatre cavaliers dont j'étais certain de l'audace et du savoir-faire. Une fois dans la direction du village de Torpe, nous nous glissâmes le long des haies, ne sachant guère ce qui pourrait bien nous arriver. Si je pouvais acquérir la conviction de l'occupation du village par l'ennemi, je n'avais qu'à reprendre mon escadron et retourner à Boussières. Mais voilà qu'au lieu de rencontrer l'ennemi, nous sommes arrêtés en français par un turco qui était de faction à l'extrémité d'un sentier dans lequel nous venions de nous engager. Nous éprouvâmes un vrai soulagement en arrivant tout près de la sentinelle qui pouvait parfaitement, étant donné l'obscurité, faire feu sur nous. La conversation avec le turco ne fut pas très facile et ce ne fut qu'au petit poste que je pus savoir où était l'officier qui commandait cette grand'garde. Je fus conduit ensuite au logement de M. Lannes, le chef de bataillon qui commandait à Torpe. Je lui fis part de la mission dont j'étais chargé et il me donna toutes les indications les plus précises, d'abord sur les emplacements des postes ennemis et ensuite sur les nôtres. Il ajouta tout ce qu'il savait sur les emplacements des troupes voisines et termina en me disant que tout le monde s'attendait à une attaque au petit jour. Je n'avais donc plus qu'à retourner à mon escadron. Le commandant Lannes nous fit faire un bol de punch et nous fit reconduire par deux turcos jusqu'à la rivière du Doubs.

Le retour sur Boussières ne fût signalé par aucun incident. Il était à peu près jour quand nous y arrivâmes et le sous-officier que j'y avais laissé m'apprit que la veille, à peu près en même temps que je recevais l'ordre d'aller à Torpe, le colonel s'était mis en route avec le reste du régiment dans la direction d'Ornans. J'avais donc douze heures de retard sur le régiment, en admettant qu'il soit resté dans la direction indiquée. Nous fîmes nos distributions très tranquillement et prîmes la route d'Ornans vers dix heures. Le combat qui eut lieu ce jour-là et dont nous n'étions pas éloignés porte le nom de combat de Byans. J'ai appris plus tard que le commandant Lannes y avait été blessé.

Le 25, nous restons dans nos cantonnements. Je suis cantonné dans le village de Villafant, chez M. Bataillard. Le 26, nous arrivons à Ouchan ; je dois rejoindre le lendemain à Pontarlier le général Minot. Je suis mis à sa disposition pour observer le chemin de fer de Pontarlier à Mouchard. Je vais m'établir au village des Granges, au sud de Pontarlier. Mes reconnaissances m'apprennent que Mouchard est occupé et le chef de gare de Salins attend le même sort d'heure en heure. La manœuvre des Allemands est bien simple, après nous avoir entourés entre Besançon et Pontarlier, ils cherchent à nous couper les routes du Sud et à nous acculer à la frontière suisse. L'hiver, qui n'a jamais fait trève, a repris depuis quelques jours une grande intensité. Une neige très épaisse fait disparaître beaucoup de chemins. Les principaux sont jalonnés avec de grandes perches. On rencontre partout des traîneaux ; sur les grand'-routes, des bœufs traînent un large triangle destiné à frayer le passage.

Le 27, nous sommes à Mouthe, ce trajet a été des plus pénibles. La route, très accidentée, présente dans les pentes des amoncellements considérables de neige, les chevaux en ont jusqu'au poitrail. Le plus souvent nous sommes obligés de marcher à côté de nos chevaux et les efforts qu'il faut faire pour cheminer ainsi sont des plus pénibles ; partout la couche de neige atteint une moyenne de soixante centimètres d'épaisseur. La vue est aussi péniblement impressionnée par cette surface blanche, la seule sur laquelle elle puisse se reposer.

Le 28, nous quittons Mouthe pour aller à Foncine-le-Haut et Foncine-le-Bas. Nous suivons la route de Saint-Laurent, nous passons assez près de la frontière suisse et suivons les bords d'un petit lac qu'on appelle le lac des Rouges-Truites. A Saint-Laurent, il y a encombrement de troupes de toutes armes et nous faisons huit kilomètres en plus sur la route de Saint-Claude pour nous abriter au village de Chauvin.

Mais le 29, nous recevons l'ordre de nous rendre à Saint-Laurent et, avant de mettre pied à terre, le colonel réunit les officiers et leur explique la mission spéciale dont va être chargé son régiment. Les Prussiens sont à Champagnole, à

4

huit kilomètres de nous. Leur objectif est Saint-Laurent et les troupes qui occupent cette localité n'ont plus d'autre issue que la Suisse. Il s'agit donc de résister avec la seule troupe actuellement à Saint-Laurent, c'est-à-dire la cavalerie. Le colonel donne alors à chaque capitaine les ordres de détail. Je dois aller m'établir à Foncine-le-Bas. Foncine-le-Bas est un peu au nord de Saint-Laurent et dans la vallée suivie par la route qui mène à Champagnole. Foncine-le-Haut est encore plus au nord ; entre les deux, et un peu à l'écart, se trouve le village des Planches. Ce sont ces trois points que nous sommes chargés de défendre.

Mon premier soin est de barricader toutes les issues du village. J'établis ensuite les chevaux à peu près au centre et je place le plus de tireurs possible derrière les barricades. Pendant que j'organise la défense du village, les chevaux reçoivent une distribution de foin ; ils n'en avaient pas mangé depuis dix jours, et c'était plaisir de les voir se jeter avec avidité sur cette nourriture d'une qualité parfaite.

Tout à coup, un des cavaliers que j'avais poussé en avant dans les différentes directions me signale un traîneau monté par trois officiers dont un général. Je me porte au-devant du traîneau. « Capi-
» taine, je suis le général Cremer, j'attends mon
» infanterie qui n'est plus qu'à quelques kilomè-
» tres. Vos dispositions me semblent parfaites,
» c'est très bien », et mes trois voyageurs prennent la route de Saint-Laurent.

Quelques heures après, le jour commençait à tomber, aucune infanterie ne paraissait et, à tout hasard, n'ayant reçu aucune autre instruction depuis le matin, je prenais quelques nouvelles dispositions pour la nuit lorsque je reçus un courrier du colonel ; il était cinq heures du soir, et le colonel me disait de rentrer à Saint-Laurent avec mon escadron. Le même ordre concernait également l'escadron qui était à Foncine-le-Haut ; le hasard voulut que le courrier se trompa de direction et c'est dans la matinée du lendemain qu'eut lieu l'engagement des Planches et de Foncine-le-Haut. Le capitaine de Perry perdit cinq hommes, mais resta maître du passage qu'il avait pour mission de garder.

C'est ce jour-là même que le général Clinchant, qui avait remplacé le général Bourbaki, reçut de Bordeaux une dépêche l'avisant de la conclusion de l'armistice, mais le négociateur français avait oublié de comprendre dans l'armistice la région du Jura et Belfort. Clinchant fait donc suspendre les hostilités dans la nuit du 29 au 30 et, dans toutes les directions, on parlemente avec les officiers allemands. Ceux-ci, mieux informés par leur gouvernement, répondent invariablement : Nous ne connaissons pas d'armistice pour l'armée de l'Est, car cette armée est prisonnière, en conséquence nous ne tirerons pas sur vous, mais nous continuerons à vous cerner pour vous faire déposer les armes.

Dans cette situation, il n'y a plus qu'une chose à essayer, c'est une marche de nuit dans la direction de Morez et ensuite des Rousses. Le général Cremer nous précède dans son traîneau et nous voilà en marche par une nuit très froide sur une route couverte de neige. Au lever du jour, nos yeux sont ravis par le magnifique spectacle qui se déroule à nos pieds. C'est le lac de Genève que nous apercevons dans toute sa longueur du pied des collines de Saint-Cergues jusqu'à Villeneuve.

Après nous être rassasiés de ce panorama magnifique, nous descendons à Gex par la vallée des Dappes. La campagne est terminée et, plus heureux que nos camarades qui déposent les armes en pénétrant sur le territoire suisse, nous sommes en France et nous sommes libres.

De tout ce qui m'est arrivé pendant cette longue chevauchée de sept mois, je garde un excellent souvenir. La guerre a des charmes incomparables, même au milieu des revers. Je n'ai qu'un seul regret, c'est celui de n'avoir pas trouvé l'occasion de donner quelques bons coups de sabre. Puisses-tu, mon cher enfant, quand tu feras la guerre, être plus heureux que moi. Médite souvent les campagnes de ces modestes héros de la grande épopée du Premier Empire, leur joie déborde à chaque page de leur récit. C'est qu'en effet le jeu de la guerre engendre les plus belles passions. N'oublie pas non plus ce mot du général Colbert : « Qui n'a jamais chargé à la tête d'un » beau régiment n'a jamais eu le vrai bonheur » au cœur. »

FIN

Aire-sur-la-Lys, Imp. GUILLEMIN

www.ingramcontent.com/pod-product-compliance
Ingram Content Group UK Ltd.
Pitfield, Milton Keynes, MK11 3LW, UK
UKHW020356220726
13923UKWH00004B/1645